JN438133

등잔 밑의 보화

이옥순 시집

문학공원 시선 172

등잔 밑의 보화

이옥순 시집

소소한 삶에서 사랑을 찾는
이옥순 시인의 첫시집!

모두 이젠 고마움뿐이다
이야기보따리도 선배님들의 떡이랑
동기님의 고구마맛탕도 시골풍경을 느꼈고
서로에 대한 진정성의 이야기로 정감이 들었다
앞으로 시간이 허락하면 열심히 배우고
사랑을 나누고 싶다

문학공원

시집을 펴내면서

경자년 새해, 쥐띠 해가 밝았다. 십이지간을 다섯 번 돌아왔다. 한 해 한 해 살아오면서 귀한 인연들과의 소중한 추억들을 사진과 함께 그려 보려고 한다.

작은 풀 한 포기라도 그냥 지나칠 수 없었던 시간을 책장 하나하나 속에 담아두며 살았다. 그 추억의 풀잎을 살며시 꺼내보면서 미소 지을 수 있어서 설레기도 하고 기대된다.

완벽한 글이 아닌 줄 알지만 용기를 내어본다. 그동안 여러 모양으로 보이지 않는 곳에서 애쓰고 마음 써 주신 모든 분들께 이 지면을 통해 고마운 마음을 전한다.

특별히 남편 박병채 님, 큰딸 박정은, 둘째딸 혜림, 셋째딸 혜미, 그리고 막내이자 아들 박지호에게 고마움을 표한다. 아들 지호가 세무사 시험에 합격했을 때 기쁨이 컸다. 특별히 우리 큰사위 임승준, 둘째사위 이우성, 셋째사위 전성민과 큰손자 임찬솔, 찬희, 찬서, 전영후와 60일이지난 이시윤까지 모두가 감사함 속에 들어있다.

작은 시골마을에서 3남 1녀의 딸로 태어나 부모님의 사랑을 누구보다 많이 받았던 기억이 난다. 하늘나라에서 제가 시집을 내는 것을 보시고 기뻐하실 거라 믿는다. 겨자씨 같이 작은 나무가 온 세상에 희망의 큰 나무가 되어, 모든 이들을 사랑으로 보듬어주며 따뜻한 온기를 전하고 싶다.

한국방송통신대학교를 다니면서 만난 인연으로 대선배님이신 김순진 스토리문학 대표님과 전하라 편집장님을 만나서, 불현 듯 운명처럼 책을 발간하게 되었다. 전하라 편집장과는 영사모에서 박태상 교수님과의 고별여행인 이효석 문학기행을 가면서 만난 인연이다. 이렇게 책으로까지 인연이 이어질 줄 누가 알았을까! 두 분께 감사드린다.

그리고 나를 가르쳐주신 교수님들과 그리고 이보모임, 수용미학연구회, 학생회스터디 모든 분들께 고마움을 전하며……, 끝으로 나를 낳아주신 부모님의 큰 사랑에 감사드린다.

2020년 봄

이 옥 순 올림

차례

1부

바닷길 여수

2부

등잔 밑의 보화

차 례

3부

알곡과 가라지

4부

아버지와 아랫목

차 례

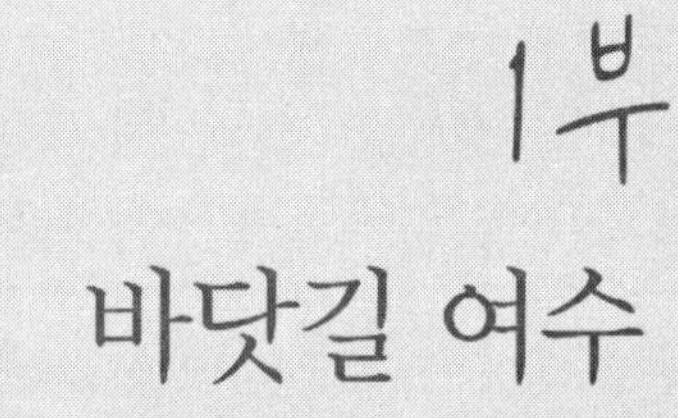

1부 바닷길 여수

여수 앞바다에서

고즈넉한 바다를 바라보고 있다
거북선을 만들며 고뇌했을 이순신 장군을 생각한다
아무리 많은 왜적이 몰려와도
이겨낼 배를 만들기 위해 얼마나 많은 고민을 했을까

어느 보름날 조카는 친구들과 한해를 보내며
소원을 빌기 위해 찾아갔다고 했다
그곳에서 온통 이순신의 정서로 가득 찬 유적을 보면서
어떤 생각을 했을까

거북선의 늠름함이 살아 숨 쉬는 고장
조카가 이순신처럼 늠름하길

바다를 향해 달리다

서울에서 한강을 지나
KTX를 타고 바다를 향해 달려간다
어머니가 기다리는 고향역으로
신나게 달려간다
곡성을 지나 남원 춘향골을 따라
신나게 달리고 달린다

단장의 미아리고개를 따라
시인들의 노래 따라 달리고 달린다
시인이 되어
서울 소식 전하러 달리고 달린다

버선발로 뛰어나오는 어머니
오동도 좌판에 세발낙지 탕탕이
초고추장에 한 입 가득 든 우렁쉥이

케이블카는 하늘 길 만들고
쾌속열차는 수미 없이 달리고
밤바다 색소폰 소리에 어깨춤이 절로 난다

여름

여울목을 따라 아가들이 발을 담그며
수양버들이 춤추는 계절이다

우리 언어가 아름다운 강산에
푸른 물결로 춤추는 계절이다

계곡 폭포수의 물줄기가
농부의 타는 목을 축여주는 계절이다

어머니의 손에 쥔 호미가
열매들이 영글도록 힘을 주는 계절이다

차이나타운의 생일잔치

어제는 우리 막내딸 세상 구경하러 나온 날이었나 보다
늘 바쁜 엄마를 배려한 둘째가 저녁을 먹자고 한다
차이나타운 간판을 찾아 몇 바퀴 돌고 돌다 겨우 찾았는데
이게 웬일인가
주차장이 아닌 짐처럼 차를 실어서 주차를 하는 주차장이었다
그런 광경은 처음 보는 터라 신기하기도 했는데
더 아이러니한 것은 중국 음식에 딤섬을 덤으로 무한리필이란다
주인공이 맛나게 잘 먹으니 흐뭇하기는 했으나
멋모르고 갔다가 많이 미안했고
엄마인 내가 따뜻한 미역국 한 그릇 끓여주지 못한 아쉬움이 더 컸다
내년에는 딸의 생일을 기억하는 엄마가 되자고 속으로 다짐한다

여수의 풍경

백두에서 한라까지 물줄기 따라 내려오는
따뜻한 물속에서 아이들이 자라서
태평양도 대서양도 헤엄쳐 오고가는 바로 그곳
장군도를 휘돌아 기적소리 울리며
연도로 낭도를 가던 우리 막내 오라버니
6.13지방선거 지켜보더니 하늘나라 가셨네
이루지 못한 삶의 목표는 후손에게 물려주고 가셨네

쪼르르 아들 셋 조르르 딸 셋 하늘에 보내고
아들 셋 양념 딸 하나도 흡족해하시며
금이야 옥이야 기른 어머니의 따뜻한 풍경이
누구를 꼭 닮았네요

이순신을 여수에 보내놓고 노심초사하다
직접 순신의 마음을 보듬어주려고
먼 길 마다하지 않고 달려온 이순신의 엄마도
모두가 여수의 엄마 주먹밥을 먹으며
당당하게 장군으로 만든 분이 그의 어머니!
노량해전에서 내 죽음을 적에게 알리지 말라했던
그 말 한마디도
어머니에게 받은 큰 사랑이 아니었을까

그 큰 사랑이 여수 앞바다에 녹아
오늘도 지혜의 동산으로 후대에도 전해지네
남해바다를 호령하던 함성이 세계만방에 울리고
해양도시의 품격을 지킨 신사 숭어 떼는
울돌목을 지나 힘차게 헤엄치네

바닷길 여수

남해에서 동해로 섬섬마다 다리를 연결해
버스를 타고 배를 구경하고
배에서는 육지를 구경하고
물길 찻길 따라 맛 따라 향기 따라
찾아갈 낭만의 섬들
섬들이 모여 마을을 이루어
아이들 자장가 소리가 울려 퍼지는 섬
꼬마 손으로 고동도 잡고
바위에 붙은 전복도 잡고 놀다
서산에 넘어가는 해 지는 줄 모르고
밀물이면 수영하고
썰물이면 진질 캐 바지에 쓱쓱 닦아
한 입 베어 물던 그곳
새조개 바지락 꼬막 새우 주꾸미 낙지 문어 갑오징어
빤장게
바다의 친구들과 놀던 그리운 유년

섬이던 외가만 가면
외할아버지가 잡아온 잘 말린 깨장어는
흰죽보약이 되어 감기도 도망가곤 했다

그러다 뱃길 따라 여수에 터를 잡고
어른이 될 준비를 시작한 곳이 여수다
고향에서 여객선을 타면 두 시간 반 정도
멀미에 다 토하고 찾아간 곳 여수
이제는 국제도시로 거듭난 해양의 도시
아름다운 여수 밤바다

한시대의 여인들

오월 오일
창포물에 곱게 머리감아 양 갈래 길게 땋은 머리
찰랑대며 뭇 남성의 시선을 받던 아가씨는
양반가에 선택되어 종갓집 맏며느리로
아들 둘 딸 하나 가문에 씨 받아놓고 하늘 길 가셨네

보릿고개 넘고 망종도 지났으니
골목길마다 보릿대로 가는 걸음걸음 깔아 드리고
보릿대로 만든 바구니에 감똥 꽃 가득 담아
양쪽에 호위무사들 화동처럼 꽃상여 메고
여울목 지나갈 때마다
가마 탄 어머니 모시고 꽃상여 잘도 간다

내가 못 다한 꿈은 자손들이 이룰 것이고
이제는 백수를 다하고 여한도 없이 잘도 간다
하늘님도 만나 보았으니 여한이 있으랴

2019년에는 하늘길 가는 것도 동무삼아
이희호 국모도 떠났으니 좋은 해는 좋은 해인가 보네

바다의 보석 석화

새가 알을 품듯 품어온
바다 속에서 캐낸 생명의 양식
물미역 다시마 곰피
바지락 석화 홍합

환경과 자연이 없으면
단 하루도 숨 쉴 수 없는 나약한 우리네 인생
이제야 터득하고 알았으니 얼마나 고마운 일인가

여울에서 내려오는 맹물과 하나 되어
강을 이루고 바다를 이루어
우리의 양식들이 순환 반복 거쳐
하루도 거르지 않고 먹여주는

자연아 고맙고 고맙구나
환경아 고맙고 고맙구나

정월

우리 조상님들은 십이지간을 돌고 돌아
손꼽아 기다리던 그날은 즐기는 날이었어

한 해를 보내며
묵은 것을 떨쳐버리고
새로운 마음으로 시작하려는
고운 마음들이었지

마지막 날은 보름달이 없어
정지 가마솥에 참기름 통을 만들어
무명실로 곱게 엮어서 불을 밝혀두었어
소죽 쑤어 물도 주고
온 가족은 묵은 때를 벗는 날이었어

때때 옷 입고 설날을 맞이하니
세상 것 하나 부럽지 않았어
온 마을 동무들도 연날리기
널뛰기에 신이 났었어

전통

오늘은 음력으로 사월 초파일 석가탄신일
어머니는 그날이 되면 설레는 마음으로
곱게 한복을 차려입고 자연에 심취하듯
마음이 숙연해지시는 날이었다
그때는 그냥 어머니 따라가 함께했던
풍경만으로도 설레고 근엄했다

연등의 행렬을 따라
두 손을 곱게 모으며
고전의 법칙을 배운다

얼마 전 광화문에서도
예술로 고전을 풀어내는 퍼포먼스가 있었다
함께 춤추며 어른 어린아이 할 것 없이 즐겼다

전통이라는 것은
우리의 삶을 되돌아보는 거울
거울에 나를 비추듯 그런 풍경이다

휴대폰을 잃어버리고

많은 인연들이 나와 함께 호흡하며 지내왔었구나
늦은 때가 빠르다고들 말을 했었지
폰을 잃고 알았으니
우리네 삶도 그러하지 않은가

나의 흔적을 담아 놓으려 애를 쓰고
공유했던 시간들이 나비처럼 벌처럼 날아갔으니
모두가 한순간이다

사계절의 순리도
봄이 오고 여름 가을 지나
하얀 백설을 기다리는 대지를 꿈꾸듯
매서운 겨울도 가고 따뜻한 봄이 오고
우리네 마음도 넉넉하게 채워나가는
또 그렇게 살으리라

알 수 없는 마음

여름을 재촉하듯 후덥지근하고 더운날이다
두꺼운 이불을 빨아 뽀송뽀송 말려서
장롱 속에 넣으며 겨울을 기약한다

이젠 변덕스런 날씨처럼
내 마음도 변덕을 부리지 싶다

일도 해야 하고 모꼬지도 가야하고
무엇이 우선순위인지
고민이 될 때가 많다

계절학기 시험도 봐야하고
2학기 책도 읽어야하고
다른 생각들로 가득 차 과락을 맞나 보다

그래도 더 많은 지식을 쌓을 수 있어
더 좋은 사람들을 만날 수 있어 행복하다

그리운 방송인

언제부터인가 나는 라디오와
하루도 거르지 않고 친구가 되었지
하루하루 일과 함께 할 수 있었지
그런 인연으로 퀴즈도 나가고 방송도 탔었지
여성시대 최유라의 입담은
어느 누구도 따라할 수 없었고
그 뒤를 이어 강 석 김혜영의 입담도
나에게 시원한 냉수 한 그릇 맛을 낸
이종환의 입담도 활력을 주었지

그리운 이들이여
누가 흉내를 내어보아도
최유라 강석 김혜영 이종환
그 그리운 냉수 맛은 아니더라

개여울

산 너머 남촌 산 너머 부촌
개여울에 누가 앉아서
돌멩이 물장구치고

하염없이 생각하고 남촌서 남풍 불 때
북촌서 북풍 불 때 나 하염없이
그대를 생각합니다

남촌서 남풍 불 때
봄맞이 하러갑니다
북촌서 북풍 불 때
나는 좋테나

– 김소월 시 「산 너머 남촌에는」을 패러디하다

시인일까 넉마장이 일까

방송통신대학교 국어문학과를 졸업하고
한 일은 글쟁이들의 모임이다

어떤 이는 모임 간다고 호박죽 한 밥통
어떤 이는 귤 한 상자 메고

추억담은 가슴은 콩닥콩닥
방아질하듯 쿵닥쿵닥

할배 소식도
할매 소식도

춤추며 가지고 왔다가
춤추며 꿈꾸듯 간다

오막살이 집 한 채

풀풀 눈은 밤새도록 내렸나 보네
산등성은 토끼들이 깡충깡충
뛰며 뒹굴었나 보네
새벽종 치러가야 하는데
눈이 무릎까지 차올랐네

종탑 위에도 꽃이 피었네
하얀 백설은 먹음직도 하고
보암직도 하여 먹어버렸네
강아지도 반가워
꼬리를 흔들어 춤을 추네

선물 보따리

요즘 보물섬 남해에는
바지락 한 바구니
내일은 굴 한 바구니
멍게 초고추장에 한 입 가득

철따라 주는 고마운 자연
작년에는 마늘 심고
올해는 고랑에 상추씨 뿌렸더니
탐스런 쌈 채소 선물주네

마늘 심기위해 준비했던 거름남아
논 언덕 딸기나무 선물 주었더니
빨간 딸기 한가득
부메랑 되어 돌아온다

모내기 철 되면 앵두도 빨간 열매로 유혹하고
복사꽃 자두 무화과도 선물을 주네
가을걷이 바쁠 때도 단감 한 입 베어 물고
한아름 가득 벼를 베어 내려놓으며 양식을 준비한다

겨울이면 따뜻한 방에서

고구마 단물이 한 입 가득
메주콩도 한 입 가득
몸도 마음도 호강하네

상처

1.
당차게 생긴 학생이 있었다
그 아이는 늘 혼자이기를 원했다
시골에서는 집집마다 아는 사이
숟가락이 몇 개인지 알 정도였다
그 아이가 내 가방에 들어있는 만 원짜리를 훔쳤고
나는 몰래 뒤뜰에 가서 물었고
아이들이 눈치 챌까봐 살짝 이야기를 하면서
하늘에서 하나님이 보고 있으니
거짓말을 하면 안 된다고 했다
순순히 자백을 했고
지금은 아마도 멋진 가장이 되었으리라

2.
그 후로 서울에 와서 만난 여자아이
공과 시간에 마음속에 있는 이야기를 나눈다
부모의 이야기를 하게 되고
엄마는 아버지와 같은 교회에서 만나서 결혼하고
그 아이 하나놓고 헤어신 모양이다
엄마가 보고 싶어 찾아갔으나
만나주지 않아 가슴앓이를 한 모양이다

그 아이는 닭똥 같은 눈물이 뚝뚝 떨어지면서
말을 멈추고 만다

함께 울었던 기억이 난다

꿈이란

맑은 하늘을 닮은 날
좋은 이들과 함께 하는 것
때에 따라 기후도 한 몫 하여
농심을 달래주는 것
파란 하늘을 바라보는 것
소꼴을 주고 닭 모이를 주는 것
여자들은 공기놀이
남자 아이들은 자치기에 신나 하던 것

소박하지만 모두가 바라는 그런 풍경
그것이 꿈이 아닐까

시(詩)

마음을 비우고
온 세상에 하얀 눈이 소복이 내린다

성당 마당에도 쌀가마니가 소복이
교회 마당에도 쌀가마니가 듬뿍이

언니오빠도 누나 동생도
잘도 끌고 간다

어기 영차 어기 영차
신이 나서 덩실덩실

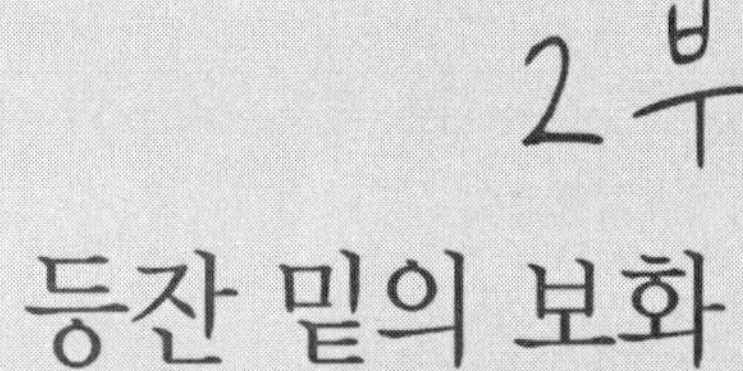

2부 등잔 밑의 보화

헐, 멘붕이 온다

'헐' '멘붕'
어떤 단어가 더 적절할까
무려 방안에서만 쿡 하고 뚫어져라 본 결과는 '헐'이다
이 허탈함은 과연 나 혼자만의 생각인가
아님 머리가 따라 주지 않아 생긴 결과인가
아무리 생각을 해도 아이들이 자주 쓰는 용어 '헐'이다
이거 뭐지
아는 것도 틀리고
모르는 것은 그렇다
하지만 공부를 계속해서 해야 하나 하는 생각은
늘 나를 몰아세우고
긍정의 힘으로 산다고 스스로 방언하는데
이거 뭐지
요즘 보편적으로 쓰는 언어들
교재하고는 아무 관련이 없다고 해야 하나
아니 많이 쓰면 규칙적인 언어가 될 수도 있는
그런 언어들이지만
온 나라가 '멘붕' '헐' 이거 뭐지
사람 사는 세상이 이런 건가 하는 의문이 들지만
우리는 늘 퇴고를 하며
좋은 언어 다듬어진 언어만을 해야 하는 건 아니다

<

혼돈의 세상인가
아님 발전의 발전을 거듭거듭 하는
그런 좋은 세상인가

시험은 나에게 세상을 원망할 만큼 큰 충격이다
허무함인가
왜 나만 그런 건가
6과목에다 프라임칼리지까지 일곱 과목을 해야 한다
무리였을까 가채점으로 해본 일이지만
이것은 허탈함을 혼자 삭히는 일이다

헐
멘붕이 온다

김동인의 배따라기

시험을 보기 전에 읽었더라면 하는 아쉬움이 많이 남는다

오해로 인해 아내를 의심하고 자신의 동생도 믿지 못하고 개방적이고 정이 많은 아내를 죽음으로 몰고 가는 안타까운 장면을 보고

가슴이 먹먹하다 아내의 죽음으로 인해 동생마저 집을 나가 생사를 모르고 후회하지만 때는 늦은 시간이 되어버리고 아름다운 아내를 너무 사랑하여 의심하고 동생과 아내가 쥐를 잡다 옷매무새가 흐트러진 모습을 보고 오해는 더 불길처럼 퍼져가고

중국여행

2013년도는 나에게 학번이라는 꼬리표도 달아주고
난생 두 번째 설레는 마음으로 중국여행을 간 해다

아이들이 성장하는 동안
남편 친구 토끼띠들과 모임을 하며
모아둔 정들 때문에 친구들이 같이 가자고 해서
남편을 설득하여 가기로 결정을 했다
우리 부부는 김해공항에서 친구들과 합류했다
상해로 날아가는 마음은 형용할 수 없다
아련하고 짠한 마음까지

상해를 구경하고
또 비행기를 타고 한국에서 타는 시간보다 더 걸려
석림(石林)이며 황산을 구경했다
황제가 온천했다는 동상도 돌고 돌아
우리나라를 위해 애쓰신
김구 선생 동상 앞에서 기념 촬영도 하였다

우리 어린 시절 불꽃놀이 했던 풍경처럼
밤새 폭죽소리 아련한 추억까지 담아올 수 있었다

꿈을 찾아 책을 들다

6월 22일은 긴장하는 날
나는 시험이 무섭다
그래도 계속한다
1학년 때와 다르게 학번은 잘 기억이 났다

출석수업을 마치고 시험을 보는 그날 첫 시간
한국사의 이해 시간에 열심히 국문학의 역사를 쓰다가
생각이 났다
그때부터 가슴이 두근두근 방망이질을 한다
답안지를 다시 달라고 하니
감독관이 시간이 되겠느냐 묻는다
그래도 다시 생각나는 대로 열심히
한글인지 영어인지 모를 필체로 썼고
무사히 마무리를 했다

작년에 국어학개론 시간에도 백지를 낼 뻔했다
감독관이 마킹하지 않으세요 하는 바람에
다시 마킹해서 냈다
어제는 그래도 차분하게 실수는 안했지만
마지막 시간에 마무리를 못 할 뻔하기도 했다

시험은 어렵고 힘들었지만
해낸 것만으로 만족한다
그런 실수 덕에 계절학기 시험을 준비해야 하는
아쉬움이 크다

그래도 나는 또 꿈을 찾아 책을 든다

자신과의 경주

요즘 나만의 시간이 생겨 모처럼 나들이 간다
여기저기 보고픈 학우들과 소통할 수 있어 좋다
하지만 계절이란 멍에를 지고 지내야 하니
여유보다 쭉 이어지는 고통이기도 하다
어쩌겠는가
내가 선택했기에 책임 또한 감당해야 한다
말로는 즐기면서 하자고 하지만
몸도 마음도 혼란스럽다
가족도 챙겨야하고 경조사도 챙겨야하고

서 선배님이 올려놓은 글을 보고
꼭 읽어야 할 한국 단편 35선을
어제 친한 학우님과 구입했다
시험을 준비하면서
조 선배님이 강의 중에
여러분은 이걸 모르면 계절에 가야 한다는 말이
귀에 쟁쟁하다
하지만 머릿속에는
다른 생각들로 가득 차있어도
또 시험장으로 향해야 한다

지혜의 강을 건너며

입학하던 그때 첫 마음이 남아있는가
대학생이라고 설레던 그때를 기억하고 있는가

꿈은 꾸는 대로 이루어진다고 했는데
첫 마음이 여전히 불타고 있는가

대학생이라는 이름으로 찾아온 우리 미래
상상의 나래를 활짝 펴고 싶다

세포가 와글대는 이십대 꿈이
육십대에 와서 지혜의 강이 된다

청년과 중년의 차이는
종이 한 장 차이라 여겨진다

오랫동안 꿈꿔왔던 학문의 불씨를 사르며
지혜의 강을 건넌다

등잔 밑의 보화

방송대 국문과 1학년에 입학을 하고
한 해가 너무 빨리 지나갔다
첫 출석수업은 성수 서울지역대학에서 받았고
두 번째 출석수업은 북부학습관에서 받았었다
우리 집 옥상에 올라가면 항상 학교가 보인다
그럼에도 한 번도 들어가지 못하고
그냥 보고만 지나쳤다
이젠 조금씩 마음의 문이 열리고
선배님들의 열강도
벅차지만 행복하다

모두 이젠 고마움뿐이다
이야기보따리도 선배님들의 떡이랑
동기님의 고구마맛탕도 시골풍경을 느꼈고
서로에 대한 진정성의 이야기로 정감이 들었다
앞으로 시간이 허락하면 열심히 배우고
사랑을 나누고 싶다

미역국 끓여주는 엄마

잡채도 만들고 대충 준비했지만
생각난 것만으로 다행이다
음력으로 5월 8일인데
상황 따라 정하기로 하였으니
아들도 불만은 없으리라
긍정적으로 생각하면
기억에 오래 남은 날이니 말이다

2014년 6월 25일은
2학년 1학기를 무사히 마무리 하는 날이기도 하다

해마다 아들도 딸들도 생일을 챙기지 못했다
모처럼 나는
아들에게 미역국을 끓여주는 엄마가 됐다

혼동 아니면 혼돈

2013년 6월 23일, 일요일 제일 먼저 시험장에 도착, 여유가 생겨 3층으로 걸어갔다 305호에 가서 내가 시험을 치러야 하는 장소가 맞는 지 확인하고 302호로 가서 불을 켜고 준비 완료! 그동안 공부를 잘하진 못해도 시간 나는 대로 잠자는 시간을 줄여 나름대로 노력해서 조금은 자신감으로 마음을 진정시켰다 그런데 첫 시간에 제일 어려운 한문과 글쓰기 감독관이 들어와서 안내를 해주는데도 실수를 연발하여 여러 장의 카드 교체다

이미 다른 학우들은 시험을 시작해서 문제를 풀고 있지만 나는 아직도 헤매는 중이다 정작 시험문제를 풀어야 되는데 답이 보이지 않는 상황이다 가슴은 두근두근 방망이질을 하니 풀 수가 없어서 그냥 시험시간이 종료되었다

대충 표시는 해도 여전히 불안한 2교시 시작이다 조금은 진정이 되어 차분한 마음으로 풀었다 '세계사'는 2개 틀리고 '글과 생각' '컴퓨터' '현대문학'은 만점을 받은 것 같다

첫 시간의 아쉬움을 달래줘서 감사함으로 다시 시작하려고 한다

혹시 저와 같은 학우님이 있으면
용기를 가지시고
손잡고 같이 갑시다

세상은 어차피 혼동 아니 혼돈이 아니든가
내 카오스에서 빅뱅이 시작된다

수용미학회

1학년 때도 맞이했던 크리스마스
2학년 때도 맞이했던 크리스마스
3학년 때 맞이하는 크리스마스
이곳에도 늘 평화가
다름으로 다가오는 크리스마스
한 살의 성숙함으로
두 살의 성숙함으로
묵묵히 잘 지켜왔네요

졸업해도 그 마음 그대로
친정집에 온 마음으로
따뜻하고 아늑한 곳 수용문학회[1)]
그곳에서 평화가 시작되리니

1) 독일의 비평가 야우스(Jauss, H. R.)가 제창한 이론으로 '독자에 의한 감상을 중심에 둔 이론'을 주된 이념으로 하는 방송통신대학교 국어국문학과의 동아리 이름

과락에 감사하자

이번 동계 계절학기에서 당당히 합격을 했다
1학년 때 강진숙 선배님이 숲을 보라고 했지만
글쓰기에 과락을 했다
작년 계절학기에 낙방을 하고 실망했으나
다시 도전해서 성공이다

지금은 '작은 숲이 보인다'라는 말 한마디가
잊혀지지 않는 힘이기도 하다
공부란 것은 외워서 되기도 하지만
이해하는 것이 더욱 중요하다
우리네 인생도 이해를 얼마나 잘 하고 수용하며
서로를 격려하는 것 또한 매우 중요하다

어제는 후배님이 전화를 했다
3학년 선배님이 저녁을 먹자고 한다
그런데 나는 일이 우선이라 갈 수가 없어서
못 간다고 말하고 나니 너무 미안하다

장학금을 받아도 다시 도전해도
마음먹기 따라 이해하기에 따라
빠름과 느림의 차이일 것이다

연결고리

우리의 정체성을 발견하는 기회를 만들어주신
'우리말 우리글' 뜻 깊은 시간이었다
아무리 시간이 흐르고 세월이 흘러도
느끼고 알아볼 수 있다는 귀한 언어
지금은 다문화시대라
모든 언어들이 복합되어 살아가고 있는 지금도
아는 이만 알아볼 수 있다는 것
아무리 이모티콘을 쓰고 줄임말을 써도
살아서 움직인다는 것
이제는 세계인들도 훈민정음의 중요성을 알고
배우는 이들이 점점 늘어나지 않을까 싶다
나이 들어 공부하는 학생들의 마음을 보듬어주는
튜터님의 따뜻한 마음도 엿볼 수가 있어 뿌듯했다

모처럼 시간이 있어 성수학습관에서 공부도 하고
많은 학우들도 보았다
서울숲엔 아직도 철쭉들이 흐드러져 있었고
여름을 재촉하기도 했다
사진 찍는 것을 좋아해
어느 노부부에게 사진을 찍어 달라고 했다
남편에게 먼저 부탁을 했는데 기능을 모른다

다시 아내에게 부탁을 하고 포즈를 잡았다
역시 담을 수가 없었고
그냥 올 수가 없어
옆 벤치에서 이야기하는 젊은이들에게 부탁해
무사히 그곳에 모습을 담아올 수가 있어 좋았다
그 친구들에게 이모티콘을 날린다
^&^~~ 감솨아아~~~

냄새만으로도 좋다

어제는 헌책서점으로 향했다 영애 학우님의 부지런함 덕분이다 헌책방 아는 곳이 있냐는 문자다 『철학대사전』과 『역사란 무엇인가』를 구입을 했으면 해서다 아는 곳이 있기는 한데 가보겠다고 하고서 찾으니 몇 권 있었는데 나가고 없다 했다 헌책방이 몇 군데 있었는데 다 없어지고 한 곳만 남아 있다고 한다

다음에 책이 들어오면 연락을 달라고 하고서 주인에게 물었다 어떤 계기로 서점을 하느냐고 했더니 서점에 있다가 배운 것이 그거라서 시작을 했는데 잘 되었단다 요즘은 아이들도 적고 시대의 흐름 따라 잘 안되지만 아들에게 물려줄 생각이란다 아들은 한참 배우는 중이고 많이 적응을 해서 잘 한단다 그냥 나올 수가 없어 이런 저런 책을 고르다 여 사장님이 하는 말 『삼국지』는 몇 번을 읽었고 『태백산맥』도 『아리랑』도 『한강』도 다 읽었는데 지금은 나이가 들어 눈이 아파서 많이 못 읽는다고 한다

나는 학생인데 교과서 읽기 바빠서 책은 과제에 필요한 책만 겨우 보던 터라 조금 부끄러운 생각이 들어서 『한강』 10권짜리가 있어 달라고 하니 『태백산맥』

도 10권짜리가 있단다 『아리랑』은 4권까지만 짝이란다 그래서 큰마음 먹고 다 달라고 했다

출석시험이며 교제 보기도 벅찰 텐데 읽을 시간이나 있을지 모르겠다 잠시 후회도 했지만 시간이 허락되는 대로 조금씩 읽어야겠다

나는 책에서 나는 냄새만이라도 좋다

캠퍼스

주일에 중고청년 예배를 마치고 학생회에서 방송대 캠퍼스로 연극을 보러갔었다 좋은 뜻에서 아이들에게 권하지만 공부가 우선이고 일요일에도 학원이 우선이다

안쓰러운 마음에 표를 예매하고 미리 미리 부모님들께도 권유를 하지만 아이들은 늘 불안한 모양이다 남들보다 뒤 처질까봐 아니 사회에서 낙오될까봐 어떤 표현이 적절할지는 모르지만 마음이 늘 짠하다

내 나이에 무슨 교사냐고 할 수도 있지만 나의 작은 소망이고 아이들이 우리의 미래이기 때문이다 우리는 미아삼거리에서 전철을 타고 방송대 캠퍼스로 가는 길은 여느 때와 다른 기분이었다

초등학교를 졸업한 학생부터 57년생까지의 학생이라는 설렘이기도 하고 무슨 내용의 연극일까 하는 기대감까지 혜화역 2번 출구로 나오니 한국방송통신대학이 제일 먼저 눈에 들어온다

동시에 활기가 넘치는 거리, 우리 일행은 옥탑방을 보기 위해 줄을 서서 기다리다 마침 연극을 재미있게

보고 한 학생이 예쁘게 생기고 당찬 배우의 연기와 매력에 흠뻑 빠진 모양이다 이내 싱글 벙글 주체할 수 없는 설렘 '사인을 해 달라고 하지 그랬니' 했더니 좀 쑥스러운 듯 아마도 미래의 멋진 배우가 탄생할 듯…

우리 방송대 학생들 단단히 준비하셔야 할 듯 하네요 대본 준비 말입니다

통 큰 여자

두레박으로 우물을 잘 떠서 올리듯
한마음체육대회 행사도 그러했다

출석수업을 하루 앞둔 날이라 망설이다 참석을 했다
초행길이라 물어물어 갔다
친절하게도 한마음체육대회 행사장이라는 표지가 붙어있어 따라갔다
방송대 학생들인 듯해서 물으니 가정학과란다
반가운 마음으로 합류했다
파릇파릇 새싹들처럼 활기가 넘치는 학생들을 보니
나도 그때가 있었는데 싶었다
하지만 지금도 늦지 않았어, 힘을 낸다
한양대학교 공과대학이라는 건물이 눈에 들어오고
한강의 젖줄을 따라 펼쳐있는 풍경만으로도
가슴이 확 트이고 잘 왔다는 생각에
국문학과를 찾아 나선다
천막들이 줄지어 쳐져있고
우리 국어국문학과도 천막을 치느라 분주했다
북부스터디 대표님의 모습이 보여 아주 반가웠다

폰을 꺼내서 몰카를 한 컷 찍고

먼저 온 임원진들의 분주함과 동시에
본부석에서는 국문학과도 경기에 참석할 선수들 다 모이란다
딱 보니 경기에 참석할 인원이 별로 없어 보였지만
한 사람 두 사람 모이기 시작하고
나이는 숫자에 불과하고 마음은 청춘이다
덕분에 나도 합류를 해서 통 안에 함께 들어갔다

나는 이제부터 통 큰 여자다

광주민주화운동

손으로 하늘을 가린다고 가려지는가
언젠가는 드러나는 것이 아니든가
70년 칠백 년 칠만 년이 흘러도
물 한 잔을 땅에 쏟아서
한 잔을 담을 수 없듯 말이다
하늘이 넓어서
손으로 가린다는 것은 불가능하기 때문이다
하늘과 땅의 조화도 시시때때로 변하여
그 흔적은 그대로 남는다

아이들도 영악해서 가려져있다는 것을 알아본다
우리가 문맹 속에 살던 시대와 차이인 걸
손안에 정보가 안내해주는 이유이다

연어는 거꾸로 거꾸로 힘차게 올라가지만
물은 거꾸로 올려보낼 수 없는 이유이다

어디다 쓰시려고 그러시는지

4호선을 타면 이수역을 알아볼 수가 없었다
얼마 전 지인 자녀의 결혼식을 이수역에서 한다고 들었지만
아직 서울 지명을 듣고는 그림이 그려지지 않는다
언제 학우님이 나에게 문학강연하는 곳을 권유한 적이 있었다
그러나 늘 시간을 낼 수가 없어
미루고 미루다 문자가 왔다
시간이 되면 이수역에서 10시 30분에 만나자고 하면서
궁금하면 전화를 하라고 한다
마침 한가하고 해서 문자를 확인하자마자 전화를 했고
내일 같이 가자고 한다
문학으로 중매를 선다고 한다

우리의 언어들이 알면 알수록 정겹고 재미가 있고
자꾸 끌리고 설레게 하는 매력이 있다
늘 마음속으로 나를 어디다 쓰시려고
이렇게 좋은 사람들을 붙여주시는지

스스로 깨달아 실천하는 것

같은 곳을 바라보는 교사는 결혼을 하고
지난주일 미국 하와이로 신혼여행을 다녀왔다
미국에는 먼저 결혼한 동생 부부가 있어서
신혼여행을 하와이로 다녀온 모양이다
학생회 교사들에겐 핸드크림을 돌리고
각자 취향에 맞추어 건네주는 자상함까지
믿음이 좋은 아가씨 신부
앞으로 교회 봉사도 많이 할 듯싶어 뿌듯하다
믿음이란 누가 시켜서 되는 것이 아니라
스스로 깨달아서 실천하는 것이라
더욱 그러하다

통문

2014년 한국방송통신대학교 국어국문학과 문예지
『통문』에 내 글이 실렸다
비록 응모작이기는 하지만
난생처음 나의 이름과 글이
실려 있는 것만으로도 가슴이 벅차다
방송대 위상과 함께
나도 덩달아 업되어 들떠있다

2015년도『통문』에도
많은 학우님들의 멋진 작품들을 기대해본다
통문은 우리 늦깎이 학우들의
마음이 통하는 문이다

졸업장

성부 성자 성령님 하나님께 졸업장 받기만을 기도했지요
1학년 그날은 감감했지만 희망은 하늘의 뜻일진대
젊음은 항상 유지할 수 없는 것이지만
아직은 청년이고 학생이라고 마음 비우고 도전하는
알찬 미래를 키웠었다
수료증이나 졸업장이나 종이 한 장 차이이고
별 차이 아닌데 학생들은 왜 목을 맬까 싶다
4년을 같이 달리는 토끼와 거북이 차이인데
친구들에게 뒤처졌다고 땅 꺼지는 한숨소리
인생사 더 배우라는 신의 뜻인데
즐기면서 하면 되는 세월 고맙게 여길래요
터줏대감으로 남을 방송대생 아닌가요
세월은 절로 흐르고 흘러
졸업은 따 놓은 당상이니
많은 지혜들이 살며시 찾아와
마님 대접할 터이니 즐기며 하다 보면 되겠지요

4년을 똑같이 다녔건만 거북이와 토끼가 겨루듯
새로운 친구들 더 만나고 더 많은 인생사 배우라고
아직 못 받은 졸업장
주인으로 대접받을 터이니 기다릴래요

학사모 쓰던 날

사 년 동안 달려온 동기들과 모였네
사 년의 보상을 올림픽 광장에 쏟아놓았네
연일 눈비 소식에도 아랑곳하지 않았네
전국적으로 모여든 열기에 눈도 비도 녹아버렸네
반딧불로 호롱불로 못 다한 퍼즐을 학사모에 맞추었네
비가 오고 눈이 와도 뜨거운 열기는 식을 줄 몰랐네
동기들 학위 수여식 앞으로 모여들었네
어떤 이들은 글재주를
어떤 이들은 못 배운 한을 풀기 위해
이제 그 한이 믿음의 반석이 되어
날개를 달았으니 훨훨 뻗어나갈 것이네
형형색색의 우산도 형제자매 축하도 열렬하네
눈발이 날리는 잠실 벌도 비가 오는 경기장도
축하의 열기로 눈도 비도 지고 말았네
한아름 꽃다발 안겨드리려 열 일 제치고 찾아온
선후배의 정도 사진작가들의 열기도 아름다웠네

3부

알곡과 가라지

해님에게

변함없이 찾아오는 고마운 님
하루하루 사랑으로 오는 님

구름기둥으로 단비를 주는 님
따사로운 볕으로 만물을 길러주는 님

더울 때는 그늘도 주는 그님
매서운 추위를 몰아 연단해주시는 님

그 사랑 밝음으로 오시는 임
그 사랑 따뜻함으로 오시는 님

싹틈의 희열을 맛보게 하시며
낙과의 쓰라림으로 교훈주시는

온 세상 비추는 사랑이어라
온 세상 돌보는 어머니어라

작약

어릴 적 마당에는 사시사철 철따라
꽃소식 전해주는 화단이 있었다오
사철나무는 언제나 그 자리를 지켜주며
토닥토탁 위로를 주었다오
함박꽃 달리아 백일홍 봉숭아 모두가 동무였다오
울타리 나팔꽃이 소문냈다오
영취 언덕에 진달래도 해마다 마디를 치고
점점이 새끼를 달아 모두의 힐링이라오
영산이 아닌 곳이 어디 있으리오
마음 밭에 옥토가 되면 다 영산이라
일찍이 작약을 사다 심어본다오
내년에나 함박꽃을 보겠지만 설렘은 올해 핀다오

철쭉

형형색색의 생명들이 새싹을 틔우고
만물이 약동하던 2018년 봄

이맘때면 대동강 물도 풀린다던 날
모두가 눈물을 훔치던 날이 기억난다
피를 나눈 형제의 정은 영원한 것
지나고 보면 추억은 아름다운 것

우리 막내오라버니 하늘 가던 날
왜 좀 더 조곤조곤 속마음을 표현하지 못하고
에둘러 말을 했던가

막내오빠와 함께 찍은 프로필 사진을
그대로 간직한 새언니를 보면
새언니는 오빠 생각에 그 사랑이 좋았네
하양 노랑 분홍 철쭉사랑이 좋았네

알곡과 가라지

들녘에 노란 벼들이 고개를 숙이고 있고
가라지[2]는 고개를 꼿꼿이 들고 있어 구분이 되는데
가라지를 뽑다가 알곡까지 뽑힐까봐 그냥 둔다

추수 때가 되면 알곡은 알곡대로 쭉정이는 쭉정이대로
알곡은 차곡차곡 곳간에 들어간다
쭉정이는 추수를 다 마치고 선별해서 아궁이에 들어
간다

자연의 법칙대로 다음 해에 씨앗은 좋은 것만 골라
곳간에 챙겨두었다가 대대로 이어져가고
가라지는 심지도 않았는데도 또 자라고
주인은 또 뽑지 않고 추수 때까지 기다린다

---

2) 강아지풀의 일종으로 잡초다.

앵두

인생 중반을 향해 쏜살같이 가다보니
길목마다 탐스런 열매들의 향연이 펼쳐지네

과제에다 출석시험 기말시험
청년 때 못 다한 목마름 조금씩 달래본다

선인들의 삶도 우리네 삶도
계절의 반복 속에 녹아 흐르며

비와 태양도 바람도 하나 되어
아름다운 조화로 탄생했네

논 언덕에 심은 한 그루 앵두가
모내기 하는 주인님 마음을 달랜다

사월과 오월 사이

올해는 꽃을 보고도 웃을 수가 없었다

여기도 세월호 저기도 세월호
여기 저기 세월호 TV에서도 세월호
만나는 사람 가슴에도 노란 리본
휴대폰에도 노란 리본도
공원 울타리에 가득히 매달린 노란리본도
온 나라가 가슴앓이를 하고 있다
사랑하는 꽃들이 꽃 봉우리를 터뜨리기도 전에
하늘나라로 떠난 꽃 봉우리들
아직까지도 해결하지 못하고
온 나라가 아파하고 걱정한다

아이들아
우리들이 잘못했고 미안했다
아무 걱정도 아픔도 없이
하늘나라에서 실컷 놀기도 하고 행복하렴
아파하는 우리들의 모습을 보고 있지
온 세계가 너희들을 사랑하고 기억하고 있단다
사랑하는 아이들아

찬바람

조석으로 오시는 님
살랄살랑 오시는 님

물놀이를 못하게 하시는 님
긴 옷을 꺼내 입게 하는 님

어제 밤도 오늘 밤도
가을을 재촉하는 님

고추며 벼이삭을
영글게 해주는 님

대나무발 사이로 오시는 님
이불을 꺼내 덮게 하는 님

강가 산책길에서
숲속 오솔길에서

함께 걸어가고 싶은 임
끌어안고 속삭이고 싶은 임

눈

해마다 찾아오는 백설이지만
문 넘어온 세상이 하얀 눈으로
사람들의 마음도 하얀 눈으로 덮여있다
남녘에는 눈 구경할 기회가 적지만
북쪽 지방에는 너무 많이 와서
치우고 치워도 끝이 없는 눈이었는데
올해는 조금 늦었다

어릴 때 이맘때쯤이면
초가지붕 위에도 장독대도 나뭇가지도
모두 하얗게 덮여있었다
온통 하얀 눈으로 덮인 세상
큰 눈덩이를 두 개 굴려서
숯덩이 눈썹도 붙이고 코 입도 붙이며
재잘재잘 떠들던 시절이 어제 같다
산토끼도 꿩도 먹이를 찾아 마을로 내려오고
눈에 갇힌 고라니 안아다
부엌 아궁이 앞에서 먹이 주던
그 시절이 그립다

가을의 잉태

마파람으로 불어오는 님
사랑해야할 계절인가 보네
그 사랑이 얼마나 달달한지
그 사랑이 얼마나 고마운지
누구의 섭리 조화인지
참도 예뻤네

장미보다 국화보다
일편단심 민들레는 울밑에서 아름다운 자태로
우리 모두를 위해 축하의 메시지를
함박웃음으로 화답해주었네

뱃속에 든 아가들도 함박웃음으로 화답했지
어서어서 태어나다오
튼튼하게만 자라서 세상의 빛이 되어다오
모든 만물의 사랑이길
할머니는 손꼽아 기다린단다

연날리기

연 날리는 아이들은 한산하지만
널뛰는 아이들은 한 그릇의 만찬을 먹는다

무지개다리를 견우와 직녀는 오고 가며
청명한 하늘은 초하루를 맞는다

부모님 산소 대신하여 고향 하늘과 교감하며
수평선 바다와도 교감하고 소식을 전한다

간재미연도 방패연도 남쪽 하늘의 연은
제각기 모양 따라 소식을 전한다

처마 밑 고드름도 꽃바람 따라 녹아
진달래꽃바람 무지개 되어 수놓을 것이다

영취산 진달래

너를 보러 갔었다
참 곱다 참 예쁘다

연분홍 차양 쓰고
오솔길 내려온다

봄 처녀 참꽃 바구니
옆에 끼고 저기 오시네

진도 바닷길

죽기 전에 꼭 한 번이라도
가보았으면 좋을 곳

노랫말처럼 꼭 한 번이라도
가보았으면 좋을 곳

눈치 보지 않고 마음대로
눈치 보지 않고 마음가는대로

꼭 한 번만이라도
가보았으면 좋겠네

하나님 역사하시는
진도 바닷길

수죽산[3]에서

천지만물 소생하는 자연의 섭리 따라
졸졸졸 흐르고 흘러 우리들의 마음과
어깨를 토닥이면서 사랑으로 품어주시네

삼천리 방방곡곡 아름다운 금수강산
어디서나 사랑의 마음으로 품어주네
그렇게 오천년 동안 감싸 안고 길러주네

---

3) 여수에 있는 산

대학생이 되다

평생 동안 가슴에 맺힌
먹먹한 덩어리를 풀려 했지만

그 문은 생각만으론 열리지가 않았네
행동으로 도전했네

설레는 마음으로 들어갔는데
이미 녹슬어있는 머리

증명이 필요한 세상
이제는 풀어서 녹을 닦았네

졸업을 앞두니
세상이 보이네

제삿날 풍경

큰집 제사 모시러갈 때
쫄래쫄래 따라갔다가
제삿밥 기다리다 잠이 들었다

아버지는 제삿밥 챙겨들고
막내 딸 등에 업고
발걸음 재촉하며 돌아오셨다

잠에서 깬 아이는
사카린 넣은 달달한 국수를
게 눈 감추듯 감추어버렸다

아버지의 거울

바다 같은 마음
바다 같은 사랑

문고리 옆의 작은 거울은
달려온 가족의 안녕을 살핀다

비가 오나 눈이 오나
바다 같은 사랑

온 우주를 품으셨다
온 가족을 품으셨다

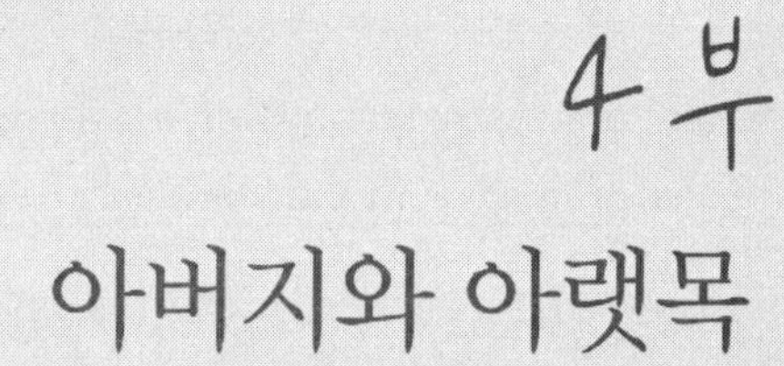

4부

아버지와 아랫목

엄니의 불씨

새벽 찬바람 가르며 일어나
아궁이 불을 지펴 따뜻한 물을 데워놓고
식을까봐 성화하시는 우리 엄니
아버지는 소죽 끓이시느라 분주하시다
밤새 움츠리며 추위와 씨름하다 일어난 우리에게
데워놓은 물을 나누어주시는 우리 엄니
따뜻한 밥 나눠 먹으며 하루 일 시작하는 흥부네 가족
온갖 새들이 날아드는 상쾌한 아침이다

머지않아 추위가 지나가고 따뜻한 봄이 오면
온갖 미물들도 나오고 강남 갔던 제비도 돌아와
처마 밑에 집지어 새끼들 밥 물어 나르겠지
얼음도 녹아 대동강 물도 풀리고
흙 부드러워지면 파종 옥토 잘 일구어 파종하고
흥부네 가족도 바빠지겠지

우리 엄니 불씨는 방구들 데우며
가족들의 봄을 맞이하네

아버지와 아랫목

70년을 힘드신 줄 모르고
울타리가 되어 주신 아버지
딸이 양복을 선물해드렸으나
한평생 어머니 사랑이 묻은
무명옷만 입으시며 사셨지요

양복보다 솜 한복이 더 편안해하시던 아버지
아버지는 탐스런 목화송이를 뽑아서 바수구리[4]에
어머니는 무명 옷 앞치마에 한아름 가득

막내딸 재잘재잘 이야기만 해도 즐거워하셨던 아버지
언니들 셋 먼저 보내놓고
막내딸 선물에 흡족해하셨지요
감기라도 들까봐 노심초사하시던 부모님

아버지의 온기가 남아 있는 아랫목
아버지의 큰손은 온기만큼이나 따뜻했다

벌써 막내딸 머리에도 이슬이 앉아있네요
마음은 아직도 어린 아이인데…

---

4) 지게에 얹는 소쿠리의 전라도 방언

튼튼이를 기다리며

연달아 두 번 기쁨을 안겨줄 아가를
기다리고 기다린단다

올해도 내년에도 복이 터졌구나
올해도 나라에 애국하고
내년에도 나라에 애국하고
할머니 할아버지 복이 터졌단다

형아도 튼튼히 아우도 튼튼히
형이 먼저 아우 먼저
대대손손 손 잡고 재잘재잘하면서
우애 있게 잘 살아주기를
할아버지 할머니는 두 손 모아 기도한단다

튼튼이가 올 날을 기다리며

생일

시월하고도 이십구일 열시 삼십분
세상구경 나온 아가는 우렁차게 자신을 알렸네

이웃사촌들은 나라에 애국했다고
축하 메시지 보내오네

아가는 먹고 자고 먹고 자고
무럭무럭 자라나는 모습이 흡족하였네

엄마 품에 안기어 새근새근 잠자던 아이가
어느새 어른 되어 뿌듯하고 대견스럽구나

음력 시월하고 이일
탄생의 기쁨을 맞이하면서

핏줄이란

오면 반갑고 가면 더 반갑다는 말
실감이 난다

아가야랑 보름 동안 정이 들었나 보다
한가득 짐을 싣고 왔는데

한가득 싣고 새 출발을 위해 떠나는 아기
자기 둥지로 갔다

귓가에는 아가의 울음소리와
젖내음이 고스란히 남아 있다

빨리 주지 않으면 입을 쫑긋 쫑긋
울음으로 표현하는 모습들이 눈에 선하네

할배도 벌써 보고 싶다고 한다
할머니 프로필에 손자 모습

하루에 모든 시름이 한순간에 녹는다
핏줄이란 그런 것인가 보네

신종플루

올 설날은 조금
우울했다

아이 엄마의 신종플루 소식에 우리도 비상상태였다
아이는 외가댁에서 엄마 걱정에
잠을 못 이룬다

그래서 요즘,
우리는 무엇을 걱정해야 하는 또 다른 과제가 생겼다

다행히 지금은 좋아져서 안심이지만
세상사도 그러하다

우리 모두 머리를 맞대어
긍정적으로 나아가자

양면성

결혼식장에서 만난 아들이 어머니에게 작은 어머니 이야기를 했나 보다

어제 일을 하고 있는데 051일 번호가 뜨는 전화가 왔다 무심코 지나쳤다 잠을 자고 아침에 카톡을 보니 "어이 자는가"하고 문자가 와 있다 내가 톡을 보는 시간은 너무 이른 톡이라 답을 했었는데…

또 문자가 왔다 "지금도 일을 하는가 자네 그 고운 얼굴을 보니 눈물이 자꾸 흐른다네" 내가 먼저 전화할 게 삼촌은 잘 있는가

지금은 삼촌이 일하러 가서 바꿀 수가 없어 "형님 죄송해요 일하러 갔어요"하고 또 문자만 보냈다 마음 아픈 소식이 들릴까봐 전화를 할 수가 없다

균항제

해마다 설레는 마음으로 김해김씨 고향 찾아간 울어매
돌아보니 그 마음 이제야 알듯 하네

지금이라도 알았으니 얼마나 귀한가?
피고 지고 피고 지고 부활했으니 많은 열매로 화답하겠네

신혼의 단꿈을 꾸며 선인들의 뜻 받들어
아버지는 매일 감사함으로 밭을 일구네

어머니는 무명옷으로 아버지 두루마기 만들어 입혀
이 씨 문중 행사에 보내셨네

자갈밭 일구어 낸 어화둥둥 사랑이었네
어화 둥둥 사랑이었네

생명

어느 가문이든 생명이란 귀하고 귀하다

지난 일요일
친정 큰집형님이 소천하셨다는 소식이 왔다

김대중 전 대통령님 부인 이희호 여사 소천 소식이
라디오에서 흘러나온다

저물어가는 한시대의 역사를 보면서
열심히 잘 살아왔다는 생각이 들기도 했다

누구나 맨몸으로 왔다가 맨몸으로 가는데
남은 삶도 잘 살아야지 다짐했다

아쉽지만 새로운 생명이 그 자리를 채울 것이고
잘 살아 내셨다는 생각이 든다

천국의 빗장으로
빛이 쏟아져 들어온다

황산 여행

오십육 개의 민족으로 이루어진 나라
어느 곳이든 역사가 묻어나고
사랑의 둥지로 이루어진 나라
또한 병풍을 두르듯 아름다운 나라

많은 행렬이 케이블카로 올라가고
그 속에서 보던 풍경은 과히 신선놀음이다
상해를 지나 비행기로 몇 시간을 지나간 곳
겨울 백설은 가지마다 춤을 추듯 반겨준다
경사진 곳을 오르고 또 오르니
구불구불 험준한 산령은 까마득하다
운하로 먼 곳은 볼 수 없어 아쉬웠지만
산은 많은 이들을 품고 묵묵히 미소만 짓는다

토끼띠들은 그렇게 5박6일을 함께 걸으며
토끼 귀를 세운다

동무삼아 가는 황천길

둘째 딸이 저녁 늦게 들어와서 하는 말
친구 아버지가 돌아가셔서
내일 퇴근 후에 갔다가 저녁을 보내고 온단다
암으로 돌아가셨단다
남해장례식장이란다

얼마 전에도 교회 지인 아버지 장례식장에 다녀왔다
지난주일 목사님 하시는 말
학생회 수련회를 의논하면서
친구 아버지가 돌아가셨는데
갔다가 제천으로 간다고 한다

돌아가시는 걸음들도 동무삼아 가시는 것인가
가슴이 뭉클하다

글로벌시대

어제는 시댁 작은집 시동생 딸의 결혼식에 갔다 왔다
많은 지인들이 축하의 물결을 이루고 있었고
외국인 문화의 교류의 풍경도 낯설지 않았다
세계를 어우르는 주례사의 표현들과 덕담
하모니카 연주까지 세심한 배려도 인상적이었다
자녀들 중에 서울대를 졸업하고
외국계 회사에서 근무를 경영 쪽에서 일을 하며
500백 명 정도의 직원이 있단다
오랜만에 만났으니
형제들 살아가는 모습들이 궁금해서 물었다
뜻밖에 고향 소식도 들었다
부부가 해설사로 활동을 하며
고향의 부모들이 지킨 아름다운 문화도
4대를 이어가고 있어 더없이 아름다운 소식이다

설빔

손꼽아 기다리던 설빔을 만지작거린다
새언니 한복에 허리띠 동여매고
일찍부터 떡국을 함지박에 이고
큰집 작은집 인사드리러갈 때
꼬맹이 인 나도 설레었다

정초부터 손님 대접하느라
고운 손에 물기 마를 새도 없이
정지문 들락날락 오가는 종종 걸음이 바쁘다
먼발치에서만 친정 소식 전하고
그 집 가문과 영광 위해 정성을 다한다

올 설에도 찰쑥떡과 고구마조청 떡가래
마른 가자미 사과 한 궤짝 유과 계란 식혜를 챙겨놓고
손꼽아 기다릴 우리 새언니
콩대 태운 불씨에 전어 지글지글 굽는 냄새가
콧등을 간지럽힌다

아마 백발이 되어도
그 마음 여전할지니

정월

첫새벽부터 색동옷을 곱게 차려입으니
마음이 설렌다

떡국을 다라에 이고 문안을 오고가는 풍경
문고리가 얼어 쩍쩍 달라붙어
들락날락하며 얼음을 녹인다

초하루에는 일가친척들 모이고
이튿날 이웃사촌 오고가고
온 동네 개구쟁이 때때 옷 입고
해질녘 늦도록 좋아라 한다

연싸움도 하며 썰매를 타며 정월대보름날
오곡밥 나눌 때도 경쟁하네
가을걷이 하고 말려두었던
고구마줄기 고사리 호박 무 가지 오색나물

보름에는 휘영청 밝은 달 맞으며
동무들 손잡고 강강술래에 땀이 흠뻑 젖어도 좋아라
온 동네 매구치고 우리 집도 기다리고
제각기 새해맞이에 손들도 부산하다

옆지기

그이는 늘 일하고 옆에 있어서
귀한 것을 보고도 보지 못했다

학우들 만날 생각만 취해 있는 나를
이해 못할 때도 많았으리라

그렇게 그렇게 십 년을 한결같이
내 앞가림하며 분주하게 놀았다

공부는 평생 공부라 하지만
즐기면서 하자고 주문을 외우고 또 외운다

학우들 만나는 것도 아쉬운 마음이
늘 있어 그리움이 더 한 듯하다

내가 공부할 수 있도록
지켜봐주신 옆지기가 더 없이 고맙다

민초

굼벵이도 밟으면 꿈틀거린다고
이리 구르고 저리 구르며

어둠 속을 헤치고 나와
노래를 부른 민초들

아이야 촛불을 밝혀보렴
눈보라가 쳐도 바람이 불어도

힘이 모자라면 모자란 대로
두 손 두 발 딛고 마음껏 솟아올라 보렴

손등으로 모래성을 쌓아보렴
눈보라가 꽃가루 되도록 날려보렴

민초의 힘을 모으면
막힌 구멍도 뚫지 않겠니

북해도

십 년이면 강산도 변한다는 세월
정을 모아 살아왔던 정 떠나온 지 일 년
그 정 잊지 못해 우리는 이천 팔년 겨울
호수를 바라보며 눈 구경 실컷 했네
온천을 즐기며 정을 나누었었지
한없이 고즈넉한 시골 풍경은 어릴 적
나의 살던 고향 같은 곳이었지
목사인 친구는 저 높은 곳을 향하여 열창하고
우리도 신나게 즐겼네
하늘도 반기며 흰 백설은 밤하늘을 수놓아
축하를 맘껏 별 하나 꽁꽁 별 둘 꽁꽁
밤새도록 도란도란 즐기며 신이 났었지
어느 곳이나 자연은 귀하고 귀하지
전망대를 오를 쯤 많은 행렬은 북해도를 구경하기
위해 오르고 올라 야경을 맘껏 즐겼고
전망대를 오르기 전 비가 살짝 내려 무지개도
환호를 하며 우리 일행을 반겨주었었네
여자들이라 살림살이 부엌칼 하나씩 장만하고
지인들께 나눌 생크림 하나씩 다시마 간장
다시마 과자 맘껏 즐기었지
배를 타고 호수를 돌던 때는

마치 태평양 바다를 향해하듯 돌며
고향 앞 바다 수평선을 바라보듯 하였네

방풍나물

엑스포를 하던 해 나들이 온 막내오라버니
나고 자란 고향을 떠나 타향이 고향되어 살다
고향에 돌아와 살았다
우린 각자의 길에서 자녀들 키우며
무소식이 희소식으로 살았는데
나이 들어 몸에 이상이 생겨 서울에 와서 수술하고
치료를 마치고 동생네 다니러오면서
방풍나물 장아찌를 가져왔다

아무리 몸에 좋다고는 하지만
우리 식구는 별로 좋아하지 않아서 혼자만 즐겼다
새콤달콤한 맛이 좋았다
연도와 소리도에도 섬초처럼 방풍을 많이 기르고
소개도 되어 많이들 찾고 먹는다
TV 한국인의 밥상에서도 봄나물을 소개하면서
방풍을 넣어 죽을 끓이는 것을 본 적이 있다
강릉 허균의 외가에서도 해풍을 먹고 자란
방풍을 즐겨먹었다는 것이다

봄에 나는 냉이 달래 취나물 쑥 두릅
어느 것 하나 약초가 아닌 것이 없다
해풍 먹은 보약 많이 먹고 중풍 들지 말아야지

새해의 기도

모두를 사랑으로 보듬어주소서

모두를 믿음으로 살게 하소서

이웃을 돌아보며 정을 나누며

손잡아주는 삶이 되게 하소서

아들딸 땀 흘리며 일하게 하시고

좋은 가정도 이루게 하소서

아프지 않게 하시고

시험에 들지 않게 하시며

다만 악에서 구하여 주소서

고로쇠약수를 마시며

봄이면 약산에 진달래 곱게 피고
영취산에 찾아드는 오색의 인꽃
절벽에 집 한 채 모든 이들을 위해 기도하는 집
삼일면 공단엔 굴뚝에 연기들은
많은 이들이 땀 흘리며 식솔을 챙긴다
지리산 골짜기 깊은 골
고로쇠 물 먹으려 다니던 어머니
친구들과 밤을 새며 몸에 불순물을
흘려보내고 한 통의 물을 선물로 챙겨온다

발문

보통의 말로 보통 이상의 의미 생산

– 전 하 라 (시인 · 스토리문학 편집장)

발문

보통의 말로 보통 이상의 의미 생산

전하라 **(시인 · 스토리문학 편집장)**

인연에 대하여 생각해본다. 지금까지 인생을 살아오면서 스치듯 지나간 사람들이 얼마인 줄 모른다. 태어나 처음 친구를 만나던 초등학교의 인연에서부터 사회에 첫발을 내딛고 만나던 사람들과의 인연, 인연은 짧게 끝나기도 하고 오래 지속되기도 하지만, 길게 이어진다고 해서 꼭 좋은 인연만은 아니듯, 짧게 끝난다고 해서 하찮은 인연이 되는 것도 아니다. 짧지만 큰 사고를 면하게 해준 인연도 있고, 오래오래 살고 있는 고향사람들처럼 서로에게 특별한 영향을 주지는 않았지만 그냥 가슴이 훈훈해지는 인연도 있다. 우리는 수많은 인연과 만나고 헤어진다. 그 만남을 연결해준 인연을 인간의 뜻으로는 알 수 없다. 하나님께서 부여해준 인연이 있기 때문이라고 나는 믿는다. 택함 받은 사람들의 만남이 인연의 고리로 연결된다고 믿는다. 길 가다 스치는 사람이 인연이 되는 것은 아니다. 무언가 떨어뜨리거나 딴청을 부리며 한눈을 팔고 지나가다 맞부딪쳐서 서로 스파크가 일어나야 인연이 될 수 있는데 이옥순 시인과 나는 참으로 묘한 인연을 지녔다.

우리 두 사람은 평소 공부가 더 하고 싶어 속에 담아두었던 공부로 인해 만났다. 이옥순 시인과 나는 같은 방송대 국어국문학과 동문이다. 이옥순 시인이 선배시고 내가 후배지만 졸업은 내가 먼저 했다. 문단에서는 내가 선배고 이옥순 시인이 후배지만 이옥순 시인이 한참 연배의 인생선배시다.

방송대 학생이라고 모두 인연이 될 수는 없다. 우리는 같은 국어국문학과 서울지역학생회 소속으로 우리는 <박태상 교수와 함께 하는 영사모>에서 봉평 이효석문화탐방을 떠났을 때 만났다. 그때 이옥순 시인은 2020년 '새해에는 책을 꼭 내고 싶다'는 의견을 말했는데, 2020년 새해가 되자마자 이옥순 시인은 '책 출판에 대하여 상담을 하자'고 전화를 걸어왔다. 우리는 미아역에서 만났다. 책에 대한 여러 가지 의견을 나누고, 나는 그가 궁금해하는 것에 대해 말해주었다. 마침 점심때가 되어, 그가 근처 추어탕 집에서 맛있는 점심을 먹고 난 후 커피를 마시게 되었는데 오늘은 오후 시간이 비어있다고 해서 나는 '그럼, 말이 나온 김에 사무실로 가자.'고 했다. 마침 김순진 대표께서도 사무실에 계셔서 대화를 나누며 출판계약서를 써 나눠가졌다.

대개 방송대에 들어온 사람들의 사연이 구구절절하듯이 이옥순 시인도 그렇다. 그는 남편과 경상남도 남해군 남면에서 신신라사라는 양복점을 운영하다가 도시로 올라온 지 13년이 넘었다. 그는 그동안 하고 싶었지만 가정 환경상 할 수가 없어서 가슴에 한이 되었던 공부를 하고 있다. 고등학교 검정고시를 거쳐서 그 어렵다던 방송대 국어국문과에 다니고 있다. 2013년에 입학한 그는 이제 몇 과목만 더 패스를 하면 졸업을 할 수 있다고 한다. 거북이처럼 조금은 느리지만 서두르지 않고 내실을 다져가며 하나씩 자신의 자산으로 지식을 쌓아가고 있는 멋진 분이다.

들어가긴 쉬워도 졸업하기 어렵다고 소문난 방송통신대학교 국어국문학과의 과제물을 거뜬히 해내고 있는 그는 시인으로도 당당하게 등단하여 이렇게 멋진 시집과 수필집을 한꺼번에 출판하는 멋진 작가의 길을 걷고 있다. 다음 시를 읽어보자.

입학하던 그때 첫 마음이 남아있는가
대학생이라고 설레던 그때를 기억하고 있는가

꿈은 꾸는 대로 이루어진다고 했는데
첫 마음이 여전히 불타고 있는가

대학생이라는 이름으로 찾아온 우리 미래
상상의 나래를 활짝 펴고 싶다

세포가 와글대는 이십대 꿈이
육십대에 와서 지혜의 강이 된다

청년과 중년의 차이는
종이 한 장 차이라 여겨진다

오랫동안 꿈꿔왔던 학문의 불씨를 사르며
지혜의 강을 건넌다

– 「지혜의 강을 건너며」 전문

우리들의 어머니 세대나 선배세대들은 당시 팽배하던 남아선호사상에 밀려서, 또는 먹고 사는 게 어려워서 공부하지 못했다. 대부분의 여자아이들은 공장으로 보내지거나 가정부로 보내져 낯선 도시생활을 해야만 했다. 농촌의 소녀들은 학교에 다니기는커녕 집에서도 거친 농사일을 도우며 밥을 해 날라야 하는 노동착취에 내몰려 있었던 게 사실이다.

내가 아는 동생도 형제는 많고 먹고 살 끼니꺼리가 없으니 낮에는 냉동식품 공장에서 발을 담그고 하루 종일 서서 일하고, 저녁에는 야간 중학교를 다니며 어렵게 공부하는 것을 봤다. 그래도 한 번도 힘들다는 말을 하지 않아서 나는 그렇게 어려운 환경에서 일을 하며 공부하는 줄을 몰랐다. 우선 공부보다 생계가 더 시급한 시기라 일을 하면서도 대학에 대 자만 들어도 주눅이 들고, 대학에 다닌 사람이 부러움으로 먹먹해지는 20대를 나도 경험해 봤기에 그 우울한 심정을 안다. 그래서 나 역시도 늦었지만 공부에 대한 꿈이 있었기에 전문대를 졸업하고 10여 년 만에 방송대에 편입해서 2년 동안 마더여대생으로서 꿈을 일궈냈다. 이옥순 시인도 20대에는 감히 생각지도 못했던 대학생활을 60이 넘어서 하고 있다. 김순진 시인은 "꿈을 꾸는 자는 젊은이고, 꿈을 꾸지 않는 자는 늙은이다"라고 자주 말한다. 그의 말처럼 그는 인생의 중반을 넘어선 60이 되었지만 꿈꾸는 젊은이, 여대생으로 설렘 가득 안고 공부에 임한다.

그래서 그는 이 시 「지혜의 강을 건너며」에서 "대학생이라는 이름으로 찾아온 우리 미래 / 상상의 나래를 활짝 열고 싶다 // 세포가 와글대는 이십대 꿈이 / 육십대에 와서 지혜의 강이 된다"라며 도전의 출사표를 던진다. 20대의 단순한 꿈이 아닌 기나긴 여정 속에서 얻어진 결심으로 상아탑이라는 배움의 터전에서 우뚝 선 그에게 박수를 보낸다.

박태상 교수님이 강의시간에 하던 말씀이 생각난다. "이제 엄연한 대학생이니 화장도 이쁘게 하고, 옷도 20대 대학생처럼 발랄하게 입고 다니고, 어렵게 들어온 대학이니만큼 대학 4년 동안은 엄마도 아줌마도 아닌 '대학생이다'라는 자부심을 가지라"는 말씀이었다. 이옥순 시인이 이 시에서 말한 바와 같이 "청년과 중년의 차이는 / 종이 한 장 차이"다. "오랫동안 꿈꿔왔던 학문의 불씨를 사르며 / 지혜의 강을 건"너 가고 있는 이옥순 시인이 자랑스럽다.

새벽 찬바람 가르며 일어나
아궁이 불을 지펴 따뜻한 물을 데워놓고
식을까봐 성화하시는 우리 엄니
아버지는 소죽 끓이시느라 분주하시다
밤새 움츠리며 추위와 씨름하다 일어난 우리에게
데워놓은 물을 나누어주시는 우리 엄니

따뜻한 밥 나눠 먹으며 하루 일 시작하는 흥부네 가족
온갖 새들이 날아드는 상쾌한 아침이다

머지않아 추위가 지나가고 따뜻한 봄이 오면
온갖 미물들도 나오고 강남 갔던 제비도 돌아와
처마 밑에 집지어 새끼들 밥 물어 나르겠지
얼음도 녹아 대동강 물도 풀리고
흙 부드러워지면 파종 옥토 잘 일구어 파종하고
흥부네 가족도 바빠지겠지

우리 엄니 불씨는 방구들 데우며
가족들의 봄을 맞이하네

－「엄니의 불씨」 전문

최재서의 『문학원론』에서 "시인은 피지시물을 외부에 작지 않고, 내부에 갖는 경우도 많다. 다시 말하면, 그가 독자에게 전달하고 싶은 것은 주로 그의 독특한 이념, 정서, 상상 등이다. 그렇다고 해서 그는 이런 것들을 표시할 수 있는 무슨 독특한 언어를 갖지는 않는다. 그가 쓰는 언어는 일반 시민들이 쓰는 언어와 다르지 않다. 다만 그 쓰는 방법이 다르다."[5]라는 설명한다. 최재서의 말처럼 우리의 일상어를 통해서 감동을 이끌어내는 그는 참으로 마음씨가 고운 사람임에 틀림없다. 보통의 말을 가지고 보통이상의 의미를 나타내는데 그 의미가 있다는 말로 풀이할 수 있다. 이옥순 시인은 보통의 말로 보통 이상의 의미를 생산해내고 있

5) 최재서, 『문학원론』(춘조서, 1957), 114면. 김신정 · 오성호 · 유성호 · 오문석 공저, 『현대시론』 방송대학교출판문화원, 10면.

다.

이옥순 시인처럼 시골이 익숙한 것은 나 역시도 무진장이 불리는 무안, 진안, 장수 중의 한 곳인 진안군 백운면 산골에서 살았기에 위의 시에 더욱 애착이 간다. 나의 어린 시절을 그대로 옮겨 놓은 것 같아서다.

이옥순 시인은 "새벽 찬바람 가르며 일어나 / 아궁이 불을 지펴 따뜻한 물을 데워놓고 / 식을까봐 성화하시는 우리 엄니 / 아버지는 소죽 끓이시느라 분주하시다" 며 시골정서를 사랑이 많은 시골가정의 모습을 잔잔하게 보여주고 있다. 아침 일찍 일어나 소죽을 끓이고 따뜻한 물을 데워놓고 빨리 일어나서 씻으라고 부르시는 아버지의 목소리가 아직도 생생하다. 뜨거운 물에 손을 담가 돌로 손등의 때를 벗겨주시던 아버지가 생각난다. 아버지 이성경 선생과 어머니 김명심 여사, 3남 1녀의 여섯 식구, 흥부네 가족처럼 시끌벅적한 아침모습이 연상되는 시다.

물고기는 물속에서 나오면 살지 못한다. 나무는 땅속의 뿌리가 하늘로 드러나면 살지 못한다. 이에 반하여 사람은 독립하여 살아간다. 그렇지만 물고기나 나무는 부모의 보호 없이 스스로 성장할 수 있지만, 사람은 태어나자마자 부모의 보호가 없이는 성장할 수 없다.

이옥순 시인은 부모님의 사랑을 받고 자라왔고, 그 사랑을 자녀들에게 나눠주고 있다. 가정과 자녀들을 위해서 변함없이 하나님 앞에서 기도하는 모습을 보며 큰 사랑의 열매를 맺은 축복의 가정이기기를 빈다.

이옥순 시인의 시 「지혜의 강을 건너며」, 「등잔 밑의 보화」, 「학사모 쓰던 날」, 「엄니의 불씨」 등의 가슴 먹먹한 시를 읽으며 인고의 시대를 살아온 세월만큼 지혜도 늘어나고 행복도 배가 되는 모습을 볼 수 있었다. 시라는 장치가 그에게 있어 단련된 내실과 부드러운 미소를 지을 수 있게 한 것 같다. 거북이처럼 천천히 걸어왔지만, 자신과의 싸움에서 당당하게 승리하면서 자신의 꿈을 이루고 있는 이옥순 시인께 우레와 같은 박수를 보낸다.

국립중앙도서관 출판예정도서목록(CIP)

이 도서의 국립중앙도서관 출판예정도서목록(CIP)은 서지정보유통지원시스템 홈페이지(http://seoji.nl.go.kr)와 국가자료종합목록시스템(http://www.nl.go.kr/kolisnet)에서 이용하실 수 있습니다. (CIP제어번호 : CIP2020013211)

이옥순 시집

등잔 밑의 보화

초판인쇄일 2020년 4월 27일
초판발행일 2020년 5월 1일

지은이 : 이옥순
발행인 : 김순진
편집장 : 전하라
디자인 : 김초롱
펴낸곳 : 문학공원
등 록 : 2004년 3월 9일 제6-706호
주 소 : 우편번호 03382 서울 은평구 통일로 633
녹번오피스텔 501호 스토리문학사
전 화 : 02-2234-1666
팩 스 : 02-2236-1666
홈페이지 : http://cafe.daum.net/yoh51
이메일 : 4615562@hanmail.net

※ 책값은 뒤표지에 있습니다.